MW01172791

Li Monge

DECÁLOGO

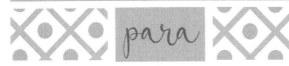

para

LAS PERSONAS

que quieren vivir

en PAZ

LIGIA MONGE © 2023
**Decálogo para las personas
que quieren vivir en paz**

158.1
M743d

Monge Cordero, Ligia Marcela, 1980-
Decálogo para las personas que quieren vivir
en paz / por Ligia Marcela Monge Cordero; ilustrado por
Álvaro Borrasé. -- Primera edición -- San José, Costa
Rica : Monge Cordero, 2023.

1 recurso en línea (60 páginas); 1,8 Mb.

ISBN: 978-9968-03-332-9

1. PAZ 2. AUTOPERCEPCION 3. CALIDAD DE
VIDA I . TÍTULO.

✉ tengamospaz@gmail.com
⊙ @pazeandoando

Primera edición 2023

ISBN: 978-9968-03-332-9

Dirección editorial y producción: Ligia Monge - Abogada
Ilustraciones y diseño de portada: Álvaro Borrasé
Diseño y diagramación: Priscila Coto (Doce puntos)
Elaboración de libro electrónico: Daniela Hernández (Doce puntos)

doce
puntos
DISEÑO EDITORIAL

A Dios,
porque encontré
en la escritura
un propósito
y una razón más
para agradecer
por mi existencia
y la de quienes comparten
mi camino.

Li Monge

DECÁLOGO

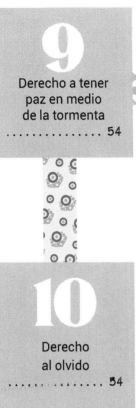

Prólogo

De alguna forma, todas las personas deberíamos poder encontrar la manera de contar nuestra propia historia.

Algún día escuché que todos llevamos música por dentro y desde entonces, esa frase resuena en mi mente.

Siempre había pensado que no tenía ningún talento especial, por haber sido una persona "promedio", que no destacó más que por aprender a sobrevivir y camuflarse entre los demás, tratando de no llamar mucho la atención e intentando ser invisible, sin lograrlo, por supuesto. Lo curioso es que no siempre fui así, porque recuerdo que en mi infancia sí tenía una "chispa" y me niego a aceptar que la perdí en el camino. Por eso intento revivirla, sea como sea.

La idea de no haber encontrado algo que me apasionara a mis más de cuarenta años me generaba frustración. Como todos saben, están los apasionados por los deportes, la medicina, la economía, la política, los negocios y otras áreas cuyo conocimiento y dominio llenan muchos egos y billeteras alrededor del mundo. Por otro lado, están los apasionados por el medio ambiente, la naturaleza o el arte, que talvez con sus bolsillos no tan llenos, pueden saborear los frutos de su esfuerzo en cada logro alcanzado y estamos los que seguimos en esa búsqueda de la puerta de la vida por la que podamos pasar y decir: ¡Para esto fue para lo que yo nací!

De pequeña, solía escribir cuentos e historias que compartí con mi maestra y mi madre. Quisiera ahora, poder llegar a más personas que por alguna razón, se sientan identificadas conmigo y podamos acompañarnos en nuestro camino.

¿Qué te gustaría que te regalaran?

Si alguien me hiciera esa pregunta, con mucha emoción respondería: "Quisiera comenzar de nuevo con la experiencia que he ganado hasta hoy". Como eso es imposible, no queda más que sacudir las rodillas, levantar la frente, tomar aire, poner lentes de amor y esperanza y seguir caminando con lo aprendido, para disfrutar de eso que llamamos vida.

Te comparto algunos pensamientos que, desde mis experiencias, sin querer ser muy pretenciosa, podrían constituir un *Decálogo de los derechos para las personas que quieren vivir en paz*: Diez aspectos que considero básicos, que todas las personas deberíamos procurar y que fácilmente olvidamos. Te propongo sacar un ratito de tu tiempo para reflexionar al respecto.

Con todo mi cariño, esperando que te funcione esta "fórmula" que estoy intentando aplicar para disfrutar mi camino.

1

DERECHO a

ViViR con

ORDEN

y LIMPIEZA

Un día, aprovechando mi hora de almuerzo, llevé a lavar el carro. No me habían dicho: "está listo", cuando di las gracias y comenzó un aguacero torrencial que no había al momento en que tomé la decisión de llevar a lavar el carro. "Mala suerte", podrán pensar algunos, pero para mí, es un claro ejemplo de los pequeños dilemas de la vida.

¿Para qué lavar algo si se va a volver a ensuciar? Por un momento quise lamentarme, pero intentando sacar lo bueno de la situación, me resonó la idea de que, aunque nadie lo iba a notar desde el exterior, sí habría una diferencia por dentro: lo habían aspirado, tenía olorcito "a carro nuevo" (porque así se llama la fragancia, no porque el carro sea nuevo) y lo más importante, yo sí lo iba a notar.

De una situación tan trivial, comparto mi enseñanza de ese día: hay cosas que vale la pena hacer, aunque nadie note, y con más razón, si eso me va a hacer sentir bien y me va a dar la sensación de liberarme de la basura que ando cargando, talvez desde hace mucho tiempo atrás. No importa de quién haya sido esa basura (mucha de la cual ni sería mía, sino de alguien más). Me di cuenta de que había juguetes rotos y medias perdidas de mis hijos, cosas prestadas pendientes de ser devueltas. Incluso, objetos que creí perdidos y otros que ni siquiera imagino cómo llegaron sin darme cuenta.

Cuánta basura andamos cargando, que nosotros mismos o alguien más (incluso las personas que más amamos) ha dejado en nuestra alma: resentimientos, rencores, culpas, malas decisiones, complejos, falsas comodidades o seguridades e incluso, amistades o amores "tóxicos" (término que ahora es tan utilizado) o trabajos que no nos satisfacen.

Entre tanto, se nos puede ir la vida, esperando a ver cómo terminamos, como si estuviéramos siendo empujados mar adentro o con el riesgo de ser alcanzados por tormentas, ignorando que podemos hacer un alto, salir a tierra firme y tomar el control de nuestra vida, o, dicho de otra forma, hacer un alto y llevar a lavar el carro, aunque nadie más lo note.

Lo que importa, es cómo nos sintamos. Creo que alguien podrá coincidir conmigo en que nos sentiríamos mejor en un carro limpio y con buen olor, que en uno con restos de comida y otros "chunches" de dudosa procedencia o destino. ¿Qué tal, si intentamos hacer limpieza de nuestra mente, de nuestro cuerpo y del lugarcito en el que nos desenvolvemos?

¿Será que nos sentiríamos mejor, si trabajamos en ponerle un alto a los pensamientos autodestructivos, a alimentarnos de forma más consciente y a disfrutar las cositas que hemos logrado conseguir con el tiempo?

¿Qué tal, si no dejamos que cosas externas nos quiten el impulso de hacer aquello que estamos posponiendo?

Les aseguro que los muchachos que ese día lavaron y aspiraron mi carro, tuvieron que practicar para desarrollar esa destreza que hace que su trabajo parezca fácil. Habrá que practicar, pero con el tiempo, podremos hacerlo con más facilidad. Más aún, si buscamos la ayuda de personas profesionales que pueden apoyarnos en ese proceso.

Alguno dirá: "yo puedo solo" y eso está perfecto. Pero también habrá quien se pueda sentir perdido en ese proceso de conseguir la manguera, el jabón, la aspiradora, la cera y por lo difícil que le pueda parecer, perpetúa la suciedad del carro. A cada quién lo que le funcione.

> Dice 1 Corintios 14:40: "pero hágase todo decentemente y con orden".

Yo imagino que Dios debe sonreír cuando ve lugares limpios y ordenados, porque Su Santo Espíritu puede fluir con más libertad, sean carros, casas, lugares de trabajo, cuerpos o almas.

Me gustaría pensar que dibujo una sonrisa en el rostro de Dios, cuando cumplo con mi tarea, pero batallar con el desorden y la suciedad son un desafío diario y un hábito que necesito seguir trabajando con mis hijos, aunque lo disfruto de gran manera cuando decido "tomar el toro por los cuernos".

Talvez hayan escuchado del "método Konmari", respecto a la organización de los espacios y a ver el orden como un sinónimo de la felicidad. También han surgido otras ayudas, como los robots que barren (algunos hasta "trapean") y desde hace mucho más tiempo, las lavadoras y secadoras de ropa, como miembros imprescindibles de la familia.

Aun con esas y otras asistencias, considero que lograr un entorno limpio va más allá de tener tiempo y actitud para eliminar la suciedad. También implica acomodar y ventilar.

Imagínense un montón de ropa recién lavada tirada sobre una cama dentro de una habitación en la que hay humedad. Además de que será difícil diferenciarla de una torre de ropa sucia, no pasará mucho tiempo, para que las arrugas se hagan difíciles de eliminar en aquellas prendas que necesiten ser planchadas, ni para que tomen olor "a húmedo".

Entonces, no solo debe hacerse limpieza, sino también, acomodarse cada cosa en su lugar y abrir ventanas o puertas para que entre la luz y circule el aire.

Mucho se ha escrito sobre la relación que existe entre la higiene y la salud mental y espiritual. No es tan difícil entender ese posible vínculo, en ambientes extremadamente caóticos, como el de las personas acumuladoras, que incluso, han inspirado programas televisivos que reflejan claramente esa realidad.

 Sin llegar a conclusiones apresuradas, valdría la pena cuestionarse, periódicamente, si los desórdenes que generamos o en los que nos mantenemos, son por falta de tiempo, o si tendremos asuntos internos pendientes de solucionar, que ya se están percibiendo en nuestro metro cuadrado.

Es nuestro derecho vivir en orden y limpieza. La suciedad y la desorganización pueden estresar, generar ansiedad, quitarnos energía y lo peor de todo, van a ir empeorando hasta que, con coraje, tomemos la decisión de ponerles un alto.

Por eso actuemos, higienicemos, acomodemos botemos y ventilemos, para no acumular aquello que pueda ensuciar nuestra casa, nuestra mente o nuestra alma y para que, además, puedan entrar la luz y la brisa fresca que necesitamos.

Tiempo de reflexión:

1. ¿El orden y la limpieza representan un desafío para mí?

2. ¿Me gustaría deshacerme de algunas cosas que ahora no utilizo porque ya cumplieron su propósito o ya no funcionan, pero me cuesta hacerlo?

3. ¿Hay algún lugar que tenga pendiente de limpiar, acomodar o ventilar y lo he venido posponiendo?

DERECHO a

ANDAR LENTO

dentro del camino

 RAPIDO

FUERA DE ÉL

San Agustín tiene una frase que dice algo así, como que es mejor ir lento dentro del camino que corriendo fuera de él, porque, aunque sea despacio, cada paso que damos nos acerca a la meta, mientras que, si corremos fuera del camino, cuanto más avancemos, más nos alejamos.

He visto que muchas cosas urgen, hay mucho que nos precisa y muchos corremos (por no generalizar), pero lo que más me ha preocupado, es darme cuenta de que tampoco sabemos bien por qué ni para qué lo hacemos. Descartamos otras posibilidades, como trotar, caminar e incluso, detenernos.

Tanta carrera sin un propósito claro, puede llegar a pasar facturas con un alto costo, físico, emocional y mental. Sé de alguien que se vio sumido en deudas inimaginables e inmanejables, por querer evadir una realidad que nunca imaginó para su vida. Llegó a gastar mucho más de lo que podía, sin darse cuenta, por falta de un presupuesto y de un plan claro para su futuro.

También sé de quienes al final de sus carreras, solo han acumulado facturas emocionales, que les pesan y generan un "desasosiego" que no pueden controlar. Una sensación de vacío que no la pueden llenar con cosas, ni estando en lugares o con personas que por más que quisieran (y que en algunos casos ni quieren, ni tienen por qué), no cuentan con las herramientas ni con la obligación de solventar carencias ajenas.

Debemos recordar que, aunque sería más fácil tener a quién culpar, nuestra vida es nuestra responsabilidad. Solo nosotros seremos los responsables de las decisiones buenas o malas que tomemos día a día y de asumir las consecuencias.

Lo que estamos haciendo el día de hoy,
¿nos está alejando del camino que soñamos recorrer
o nos está acercando? ¿Será acaso que estamos detenidos?

En este mundo consumista, es común que resuenen frases como "no me alcanza", "no me lo puedo permitir" o "pago con tarjeta de crédito y después veré".

A mí me gustaría valorar el dinero en su justa dimensión. No darle ni más ni menos valor del que tiene. Más importante aún, me gustaría darle a Dios y a mi familia la prioridad que merecen. Saber que no vamos a estar para siempre, debería mover las fibras más profundas de nuestra vida e impulsarnos a tomar buenas pequeñas decisiones cada día. Son esas pequeñas decisiones las que nos permitirán avanzar en el camino correcto o, por el contrario, las que nos llevarán a fosas que nos impidan continuar o andar caminos diferentes de aquellos que siempre quisimos recorrer.

¿Seríamos más felices si compramos, si hacemos, si vamos,
o si intentamos "x" cosa, dejando lo más importante para después?

Dice Deuteronomio 5:33: "Sigan por el camino que el Señor su Dios les ha trazado, para que vivan, prosperen y disfruten de larga vida en la tierra que van a poseer."

Me atrevo a asegurar que todas las personas, en algún momento de la vida, hemos tomado rutas que sabemos no son "las correctas", ya sea por impulso, por experimentar, por presión social, porque "a mí nada me va a pasar" y así, nos sumergimos en realidades que se alejan del plan de Dios para nuestra vida. En algunas ocasiones, logramos salir sin mayores consecuencias, pero en otras, quedan cicatrices que nos acompañan para siempre.

Muchas veces pasamos comparándonos con los demás, para no quedarnos atrás o para cumplir con lo que creemos se espera de nosotros, como si existiera un único camino y debiéramos seguir un mismo ritmo.

Así, muchas personas se habrán casado por sentir que "las va a dejar el tren" (cada vez menos, por dicha). Otras, se habrán visto involucradas en retos o múltiples situaciones por presión social, arriesgando su seguridad, su salud o su vida.

También, estarán quienes estudien carreras para las que no tienen vocación, únicamente para poder "ganar bien" o por moda, o que tomen cualquier tipo de decisión a partir de lo que definan los demás por inseguridad o para "agradar", sacrificando su amor propio, sus gustos y sus principios, porque se les dificulta descartar compañías y situaciones, o los más "vivillos", que no quieren perderse nada y quieren recorrer tantos caminos como les sea posible.

Por soberbia u orgullo, podrían tapársenos los oídos cuando alguien nos quiera advertir que nos estamos alejando de nuestra ruta y peor aún, si se nos cuestiona la falta de un plan o de ponderar los riesgos de las decisiones que estamos tomando y son válidamente cuestionables.

Creo en Dios y en sus bondades y promesas. Por eso, no perdamos la esperanza de que, cuando llegue nuestro día, al hacer el recuento de los daños, nos bastará su Gracia para poder ir al cielo, por haber sabido reconocer cuáles caminos nunca fueron nuestros, cómo salir de ellos a tiempo y cómo enderezar nuestra senda de Su mano.

La pereza, los vicios y todo tipo de tentaciones, van a estar siempre "a la vuelta de la esquina", intentando robar, matar o destruir nuestro futuro. Por eso es tan importante estar alertas y tener claro quiénes somos, de dónde venimos y hacia dónde queremos ir, pero lo más importante, confiarle a Dios nuestra vida entera y la de nuestras personas amadas y pedirle Su protección y misericordia.

No hay decisiones pequeñas cuando se trata de nuestra vida y del camino que queremos recorrer. Que podamos seguir caminando cada día fieles a nuestra esencia, conforme a nuestros principios y valores, sabiendo en qué aspectos podríamos ceder y cuáles temas son innegociables.

Tiempo de reflexión:

1. ¿Suelo compararme con otras personas para medir si estoy viviendo "a buen ritmo"?

_____

_____

_____

_____

2. ¿Busco constantemente la aprobación de los demás sobre las decisiones que tomo?

_____

_____

_____

_____

3. ¿Estoy avanzando (aunque sea lento) dentro de mi camino o andaré corriendo fuera de él?

_____

_____

_____

_____

_____

_____

_____

_____

3

DERECHO a

IDENTIFICAR

cuál es mi *mayor*

ANHELO

...

¿Por qué se quiere lo que no se tiene?

No tengo ninguna base científica que me permita asegurarlo, pero sí tengo la suficiente claridad de que, hasta el día de hoy, no he conocido a alguien que esté satisfecho en todos los planos de su vida: su peso, su situación económica, sentimental o laboral. Siempre hay algo que nos aleja de ese estado de perfección que alguna vez soñamos alcanzar.

Les puedo compartir, con vergüenza que, en mi caso, un pensamiento recurrente en los últimos tiempos, es qué pasaría si me ganara la lotería. No el premio entero, porque sería muy ambiciosa, sino un pedacito... ¿por qué no dos? Talvez eso sea lo que esté necesitando.

He dejado de disfrutar tantas cosas "mientras me llega el anhelado premio". Eso es ahora, pero en el pasado, recuerdo haber gastado una tarde completa pensando cómo iba a distribuir las ganancias de la venta de un carro que me iba a ganar en una rifa que, por cierto, no gané. Ahora eso me da risa, pero en su momento, fue algo que tomé con total seriedad y que, en retrospectiva, me trae aquí y ahora, para darme cuenta lo inútil y frustrante que puede ser invertir tiempo y energía en lo incierto y azaroso.

Siempre nos va a faltar algo; siempre vamos a tener un gran vacío, sea en nuestra billetera, a nivel académico, laboral, social o sentimental.

El que tiene, no quiere tener, o quiere menos: menos responsabilidad, menos trabajo, menos ruido, menos peso o menos canas.

El que no tiene, quiere tener: algunos sueñan con volver a tener pelo; algunos, con tener pareja y otros anhelan un rato de soledad. El que tuvo hijos a veces extraña cuando no los tenía y también están quienes no han tenido y recurren a múltiples métodos para lograrlo.

Conozco a quienes procuran un trabajo estable que les permita contar con un ingreso fijo por muchos años, en contraste con los que buscan su satisfacción personal, no estar atados a nada ni nadie y conocer el mundo. Ponele el nombre que querás.

Debemos partir de esto: todos somos diferentes y anhelamos algo distinto.

Recuerdo que, de pequeña, yo quería tener camanances y por eso me pinchaba los cachetes con un lápiz. También, quería una nariz más respingada y alguna vez me pareció buena idea prensarla con prensas de ropa, esperando ver resultados, porque así lo había hecho alguien en la serie "Mujercitas". Incluso, utilicé clips de los que se utilizan para agrupar hojas, como método de ortodoncia improvisado, porque anhelaba tener una sonrisa perfecta.

Anhelo. Esa es la palabra. Según el diccionario de la Real Academia Española, un anhelo es un deseo vehemente.

Es muy válido tener anhelos. De hecho, vivir sin tener al menos uno de ellos, significaría que ya habríamos perdido toda ilusión y esperanza y podría ser un síntoma de que necesitamos, con extrema urgencia "resetearnos" para no morir en vida.

Si estamos vivos: ¡VIVAMOS! con lo que somos y tenemos (y con todo lo que eso implique) desde el agradecimiento. Y por qué no, anhelemos, pero que no se nos vaya la vida deseando ser alguien más, estar en otro lugar o haciendo otra cosa, ni viviendo desde la envidia, el egoísmo o la frustración.

Con el respeto de quien piense diferente, estoy segura de que siempre cargaremos con un vacío que incomodará desde lo más profundo, que solo lo podrá llenar Dios y que por eso San Agustín decía: "Nos hiciste, Señor, para Ti; y nuestro corazón estará inquieto hasta que descanse en Ti" (Confesiones, I, 1).

¿Mi esperanza y mi fe son "enclenques" como para esperar que mi vida cambie por arte de magia cuando eso que tanto anhele llegue? (como mis dos pedacitos de lotería). Espero que llegue el día en que pueda decir que no, "que solo Dios basta", como decía Santa Teresa. Aún me encuentro en ese camino, intentando poner toda mi confianza en Dios cada día.

Siento que he avanzado, porque en algún momento llegué a estar tan ciega como para creer que todo dependía del esfuerzo que yo pusiera, de poder hacer lo que yo quisiera, hasta que he ido aprendiendo que, aunque todo esté permitido, no todo me conviene.

Dice Juan 4:13-14: "Respondió Jesús y le dijo: Todo el que beba de esta agua volverá a tener sed, pero el que beba del agua que yo le daré, no tendrá sed jamás, sino que el agua que yo le daré se convertirá en él en una fuente de agua que brota para vida eterna".

He andado buscando llenar el vacío que tenía mi alma con las cosas de este mundo, apartándome de Dios, que es el único que va a poder hacerlo y el que siempre ha estado conmigo. El que me ha permitido llegar hasta este día; el que ha permitido que me vaya tan lejos como he querido y el que me ha estado esperando para levantarme.

¿Cómo hacen los que dicen que no creen en Dios para solucionar sus asuntos, recargar sus esperanzas y dar consuelo a su alma? No lo sé, ni me urge saberlo. Solo sé que mis métodos lejos de Dios nunca me han funcionado. Ni siquiera la ortodoncia verdadera, que utilicé dos veces por un único diente y, a la fecha, sigue torcido.

Sería un buen ejercicio, aprender a escuchar qué es lo que anhela nuestra alma, para no conformarnos con menos.

Tiempo de reflexión:

1. ¿Hay algo que en este momento esté deseando con vehemencia?

2. ¿Si lograra obtener eso que anhelo, cuál sería el valor que aportaría a mi vida?

3. ¿De qué depende que se materialice mi anhelo? ¿y eso cómo me hace sentir?

24

DERECHO *a*

DETENERME

a ver la **LUNA**

las **ESTRELLAS,**

y el **AMANECER**

A lo largo de mi existencia, recuerdo haber dejado de dormir una noche: para la serenata de quinto año del colegio. Tengo recuerdos muy vagos de esa experiencia, porque en esa época, nada me hacía muy feliz y me acomplejaba con facilidad. Tanto, que incluso renuncié a la posibilidad de ir al paseo de la generación (sí, era en la playa), por razones que en ese momento me parecieron determinantes y que ahora ni siquiera recuerdo. Lo que sí tengo presente, es que el día siguiente de aquella serenata, teníamos que ir a clases y el nivel de cansancio que tuve ese día nunca lo había vivido, ni podría decir si valió o no valió la pena. Como les digo, casi no lo recuerdo.

Eso lo comparto porque, hace poco, una amiga que he conservado desde la escuela y a quien admiro por muchas razones, me contó que iba a ir en la noche, en una excursión a otra provincia, para subir un cerro caminando, ver las estrellas y el amanecer. Primero pensé: ¿En serio? ¿Van solo a eso? Sinceramente, me pareció una idea agotadora. Recordé que, para mí, pasar una noche entera sin dormir no sería algo muy agradable y así, me fui llenando de prejuicios sobre la decisión que había tomado alguien a quien estimo, quien no me estaba preguntando mi opinión, ni me estaba pidiendo nada. Solamente me estaba compartiendo sus planes, porque es un alma libre que disfruta su vida y pasa planeando qué hacer, sea sola o acompañada.

Ahora pienso: si así reaccioné con ella, ¿qué tan ligero podré juzgar a aquellas personas a las que no estimo tanto (más aún, a las que ni siquiera conozco) respecto de sus decisiones? Talvez lo mío no sea caminar en la madrugada con un grupo de personas desconocidas (aunque nunca lo he intentado), pero lo que puedo aprender de mi amiga, es a detenerme para ver mis "estrellas" y "amaneceres".

Descubrir qué es aquello que me mueve, que me ilusiona y me motiva a salir de mi quietud, mi pasividad, mi mundo y ver qué hay más allá de lo que conozco.

¿Me estaré perdiendo de hacer cosas para las que más adelante ya pueda ser muy tarde? ¿Qué pasaría si me inscribo en las clases que tengo pendientes? ¿Si retomo algún deporte? Incluso, ¿qué pasaría si me alejo de las personas que con facilidad juzgan mi realidad, mis sueños o mis buenas intenciones, intentando que no me suba al bus ni vaya donde pueda ver mis propias "lunas", "estrellas" y "amaneceres"? Qué lindo sería el mundo, si siempre nos respetáramos y nos apoyáramos desde nuestras diferencias y sin juzgarnos.

Esto me lleva a pensar que, en muchas ocasiones, intentamos imponer nuestros puntos de vista a los demás. Por más buenas intenciones que tengamos, no nos corresponde vivir la vida de los demás.

Hay que dar espacio para que cada quien descubra quién es, cuál es su propósito y pueda disfrutar de su existencia.

Por eso, también debemos aprender cuándo callar, cuándo detenernos para no invadir espacios, anular personalidades, frustrar sueños ni matar ilusiones.

> Estamos llamados a apoyar a quienes se crucen en nuestro camino, como nos gustaría que lo hicieran con nosotros, sea porque esa persona nos lo pida, o porque Dios nos lo inspire. Ni más, ni menos. Es bíblico. Mateo 7:12 dice: "Por eso, todo cuanto quieran que los hombres les hagan, así también hagan ustedes con ellos..."

Tremendo reto. Ahora bien, apoyar tampoco significa vernos obligados a que nos gusten las mismas estrellas y los mismos atardeceres que a los demás.

Incluso, pensemos en la posibilidad de que esas estrellas y amaneceres de quienes nos rodean, puedan generarnos incomodidad, miedo o rechazo.

Por ejemplo, ¿qué pasaría si mi amiga me pidiera que la acompañe porque quiere saltar en paracaídas? Apoyarla no significa que yo tenga que sacrificar mi paz y hasta poner en riesgo mi vida (por la posibilidad de un infarto por el susto) en virtud de la amistad que nos une.

Talvez el ejemplo sea un poco extremo, pero sirva para recordarte que siempre tendremos la posibilidad de decir que no, sin que ello implique una confrontación.

Nos cuesta mucho decir que no, pero a veces es necesario hacerlo, sea para protegernos (como en el ejemplo del paracaídas) o para darnos a respetar (cada uno podría pensar en un par de ejemplos, desde su propia experiencia). Y muchas veces, por no quedar mal con los demás, permitimos situaciones que nos quitan la paz, para no hacer conflicto, dejando de lado que tenemos una dignidad que debería ser la que marque nuestros límites. Pero ese es otro tema que queda pendiente para otro momento.

Tiempo de reflexión:

1. ¿Se me dificulta decir "no" a personas o situaciones que me quitan la paz?

2. ¿Recuerdo alguna ocasión en la que alguien haya minimizado mis intereses o haya querido imponerme sus puntos de vista? ¿Qué hice?

3. ¿Usualmente, cómo reacciono cuando no comparto lo que veo o escucho?

5

DERECHO a

PEDIR

AYUDA

si es *necesario*

Me he enterado de personas que han tomado decisiones fatales, por sentir que no podían más, que no había salida y que la única posibilidad era abandonar este mundo. He notado, además, que la edad de las personas que tienen ideas autodestructivas, es cada vez menor.

El "bullying" escolar, la soledad, las necesidades económicas, las decepciones amorosas, distintos tipos de violencia soportada y acumulada por años o un desequilibrio químico. Con seguridad, habrá muchas otras razones por las que podamos temer al futuro, perder la esperanza y la ilusión de vivir, incluso en etapas de la vida donde todo debería ser disfrute y alegría.

No me corresponde adentrarme en el análisis o tratamiento de las causas físicas o mentales que pueden llevar a alguien a tomar una decisión tan lamentable como atentar contra sí mismas. Lo que sí puedo compartirles, es que sé lo que es sentir que no hay fuerzas, o que abrir los ojos y levantarse cada mañana puede ser algo sofocante, agotador y desesperanzador, tanto, que hasta tu propia piel te incomode.

Gracias a Dios, yo pude pedir ayuda de manera oportuna y contar con la bendición de unos angelitos que han hecho mi carga más ligera y me han ayudado a ver de nuevo el futuro con ilusión.

Si alguna vez te sentís en un pozo profundo, por favor, pedí ayuda, que no se haga muy tarde. Buscá a alguien: familiares, amigos, vecinos o incluso desconocidos pueden ser ángeles en momentos de angustia.

Si es necesario, gritá, pero que alguien te escuche. No dudo de tus capacidades para resolver los problemas con tus propias fuerzas, lo que pasa es que yo no pude hacerlo sola.

Un día que me sentía mal, hablé con alguien que me dijo: "¿No te has dado cuenta de que ahí tenés a tu familia? Hablá con ellos". Pasó mucho tiempo hasta que seguí ese consejo tan sencillo, porque lo fui posponiendo por miedo de que me juzgaran o por vergüenza, hasta que ya no pude más que pedirle dirección a Dios, hacer a un lado mi orgullo y hablar con las personas que siempre habían estado a mi lado y que por alguna razón había llegado a sentir distantes.

Mis mejores ángeles siempre han estado a mi lado, tanto, que son los que me conocen desde que nací.

Para otras personas, esos ángeles no llevan su misma sangre, sino que tienen la dicha de contar con la compañía de quienes han asumido con amor un papel que nadie les ha impuesto: padres adoptivos, abuelos postizos, psicólogos, maestros, jefes, sacerdotes, asistentes de pacientes o amigos.

Sea cual sea tu caso, te aseguro que siempre habrá alguien que podrá ayudarte, pero no te olvidés de confiar siempre en Dios. Él te enviará los ángeles que estés necesitando.

Y si estás en buenas condiciones como para ayudarle a alguien más en este momento, ponete las pilas, fíjate a tu alrededor y ofrecé tu ayuda. Una conversación, una sonrisa, una llamada, un mensaje, una invitación o un abrazo, podría ser lo que alguien esté necesitando para seguir adelante.

Por último, puede ser que alguien haya estado en una mala situación emocional o mental y no lo hayás notado.

No te sintás culpable. Las depresiones pueden tener muchos tonos y manifestaciones. Por lo que he escuchado y leído, en muchos casos, logran camuflarse muy bien entre actitudes optimistas, sonrisas y actividades que no son "típicas" de lo que podríamos identificar como conductas depresivas.

Hagamos lo que esté a nuestro alcance, pero tampoco carguemos en nuestros hombros, por más dolorosas que sean, con las decisiones que otros hayan podido tomar en su perjuicio.

> Dice el Salmo 121: 2-4: "Mi ayuda viene de Dios, creador del cielo y de la tierra. Dios jamás permitirá que sufras daño alguno. Dios te cuida y nunca duerme".

Tengo la certeza de que así es, porque lo he vivido. Y sé que así lo será también con vos e incluso, con quienes aún no logran pedir ayuda o con quienes, aun cuando la pidieron, no fue suficiente.

¡Fe y esperanza de que la misericordia de Dios cobija más de lo que imaginamos!

Tiempo de reflexión:

1. ¿Se me dificulta pedir ayuda?

2. Cuando me entero de alguna situación que está afectando a personas cercanas, ¿cuál es mi reacción?

3. ¿Hay alguien a quien pueda considerar un "ángel" en mi vida?

DERECHO a

ACEPTAR QUIÉN

SOY

desde la compasión

y el agradecimiento

Es más fácil digerir la información positiva, porque eso nos enorgullece y nos permite admirar a aquellas personas que hicieron cosas sean grandes o pequeñas pero maravillosas, logrando reponerse ante las adversidades o alcanzando éxitos que otras personas pensarían imposibles.

Haciendo un pequeño esfuerzo, podríamos pensar en alguien de nuestro árbol genealógico a quien admiremos por su historia: algún pariente a quien se le haya dado un reconocimiento por su desempeño a nivel laboral, académico o deportivo. Talvez esa persona de nuestra familia que sea reconocida por su labor comunal o algún ascendiente con especial sensibilidad para las artes (un músico, poeta o pintor). Algún gran deportista, ejecutivo o acomodado económicamente que haya logrado conocer el mundo. Incluso ese pariente, dedicado o no a la vida religiosa, que brinda consuelo en momentos de angustia. Siendo más prudente, puede haber alguien en nuestra familia a quien admiremos por haber logrado mantenerse al margen de adicciones y problemas y comportarse de una forma que no era la esperada en sus circunstancias.

Te aseguro que, reflexionando un poco, encontrarás más de un ejemplo dentro de tu círculo a quien podás admirar, aunque sea un poco.

Si no te es posible pensar en alguien concreto en este momento a quien admirés, de tu núcleo familiar (respecto del cual, medien o no, lazos sanguíneos), recordá que estás leyendo estas líneas o que alguien lo está haciendo para vos. Eso significa que, pese a cualquier adversidad en tu historia, estás con vida, Alguien te dio la vida (Dios) y alguien más respetó tu derecho de nacer. Eso es asombroso y razón suficiente para tener agradecimiento y sentir compasión por vos, entendida esta como ternura por tu simple existencia.

En la otra cara de la moneda, también podríamos tratar de identificar alguna "oveja negra", conocida por su tendencia a ser una persona desordenada, infiel, viciosa, vagabunda, mentirosa, cobarde, malhumorada, pesimista, tacaña o antipática, por ejemplo.

Esa información podría ser muy reveladora y funcionar como una brújula para orientar nuestro rumbo, marcándonos un norte respecto a lo bueno que podríamos replicar, o, por el contrario, para tener conciencia de cuáles actitudes podríamos repetir y debemos evitar (sino es que ya metimos la pata).

Pero ojo, que esa información recibida nunca te sirva para juzgar ni sentirte superior a nadie, porque fuimos creados por Dios con el mismo valor y dignidad. Que solo nos sirva, para agradecer quienes somos "gracias a" y "a pesar de".

> Dice Jeremías 1:5: "Antes que Yo te formara en el seno materno, te conocí, Y antes que nacieras, te consagré; Te puse por profeta a las naciones"

Dios conoce todas nuestras luces y sombras. Aun así, somos merecedores de su amor. Nada más qué pedir.

¿A qué me refiero con aceptar quién soy? A aceptar mi origen. Eso es algo que nunca se podrá cambiar. Para aceptar algo, tengo que conocerlo.

Con respeto a quienes crean que, escudriñar en el pasado es algo inútil o innecesario, yo lo veo como una forma de sanar las emociones más ocultas.

Y no hablo de "escudriñar" de manera que pueda irrumpir en temas sensibles o invadir los espacios personales más profundos, sino, de escuchar con atención y manejar con cautela aquellos datos que nos sean revelados y que nos arrojen alguna luz para identificarnos con las situaciones que vivieron quienes nos anteceden o rodean.

En muchas ocasiones, podrían salir a la luz situaciones alrededor de la soledad, maltratos, abusos, carencias económicas o emocionales, generándonos distintos sentimientos: tristeza, enojo, angustia, decepción o admiración. Para decirlo de una forma un poco ordinaria: es lo que hay.

¿Qué podemos hacer con eso que hay? No sé decirte qué debemos hacer con la información que podamos llegar a manejar, pero sí, lo que me parece que no hay que hacer: tratar de enterrarlo y hacer como si no existiera.

Sí existe, es parte de quienes somos y es algo que podríamos trabajar para sacarle el mayor beneficio posible.

Tiempo de reflexión:

1. ¿Me interesaría informarme un poco más respecto a mi origen?

2. ¿Hay alguien de mi círculo familiar a quien admire? ¿A quién y por qué?

3. ¿Cómo he manejado la información que hasta el día de hoy he recibido sobre mi origen?

7

DERECHO

ESCOGER

 mis

BATALLAS

Recuerdo que, siendo niña, "gané" una batalla contra la autoridad en una competencia de natación, porque decidí no lanzarme al agua cuando correspondía. No me asignaron el carril que yo quería y esa fue mi manera de revelarme.

Otra batalla la perdí, cuando en un partido de tenis, también siendo niña, decidí darle ventaja a la señora contra la que jugaba en un "campeonato", porque la subestimé. Según yo, no quería que se sintiera mal, pero ella fue mejorando su juego y se me hizo imposible alcanzarla.

Pongo ejemplos de mi infancia, para evidenciar que, desde nuestra niñez, vamos a tener que tomar decisiones, unas más relevantes que otras, pero cada una de ellas, va a marcar quiénes somos, cómo nos comportamos y cómo vemos el mundo.

Cada persona habrá tenido sus propias batallas y su aprendizaje a partir de ellas. Talvez podamos coincidir en que, no todas las hemos podido ganar y que, en muchas otras, desearíamos no habernos involucrado o haber actuado diferente.

Priorizar y planificar podría ser de gran ayuda a la hora de escoger cuáles son las batallas que valen la pena. No todas tienen la misma relevancia, ni todas las estrategias a emplear pueden ser iguales.

Algunas batallas me parecen innecesarias, como tratar de tener la razón en cada conversación o impedir que mis hijos duerman conmigo cuando lo necesiten, aunque ya estén grandes. También dejo pasar por alto un sinfín de cosas que para otras personas sería razón de pleito seguro, pero en otros momentos, sin justificación, hago un mundo de situaciones triviales e insignificantes.

Mis más grandes batallas son contra mí misma, mis complejos e inseguridades, mi falta de fe y de dominio propio. ¿Cuáles son las tuyas?

El mejor consejo que no me estás pidiendo, pero me das la oportunidad de darte (y a la vez, me lo recuerdo) es que no hay que batallar por todo.

Dejemos que algunas cosas fluyan. No todo depende de nosotros. No vale la pena desgastarse ni querer triunfar a toda costa, a la mínima ocasión. Los que han vivido así, no son los más felices.

Tampoco dejemos todo a la deriva, porque hay cosas que sí nos corresponden. Batallar por nuestra salud, por ser mejores personas, por alejarnos de situaciones que nos destruyen o que incluso podrían acabar -tarde o temprano- con nuestra vida. Para eso necesitamos humildad, reconociéndonos tendientes a fallar y necesitados de Su misericordia.

Espero que sean cuales sean tus batallas, las vivás desde y con Dios, para que tengas una victoria segura.

Juan 16:33 dice: "Yo les he dicho estas cosas para que en mí hallen paz. En este mundo afrontarán aflicciones, pero ¡anímense! Yo he vencido al mundo"

Si hacemos de Dios nuestro mejor aliado, ninguna batalla estará perdida. Así como Él pudo abrir mares, resucitar muertos, multiplicar panes o calmar tormentas, podrá restaurar familias, conseguir trabajos, sanar corazones y cumplir los anhelos de tu corazón, por los que sí vale la pena batallar.

En Efesios 6: 13-17, se nos da una guía de cuál debe ser nuestra armadura: "Por lo tanto, pónganse toda la armadura de Dios, para que cuando llegue el día malo puedan resistir hasta el fin con firmeza. Manténganse firmes, ceñidos con el cinturón de la verdad, protegidos por la coraza de justicia, y calzados con la disposición de proclamar el evangelio de la paz. Además de todo esto, tomen el escudo de la fe, con el cual pueden apagar todas las flechas encendidas del maligno. Tomen el casco de la salvación y la espada del Espíritu, que es la palabra de Dios".

No malgastemos nuestras fuerzas en batallas innecesarias, solo para alimentar nuestro ego u orgullo, ni demos por perdidas, antes de tiempo, aquellas batallas que aún podemos ganar con la ayuda y la misericordia de Dios.

Aún podés salir de ese vicio, de esa relación que no te conviene, de ese trabajo que poco a poco te está haciendo daño, haciéndote creer que no estás para algo más grande. Todavía podés alejarte de esas amistades o situaciones que siempre has sabido que no te convienen. Luchá por vos y por lo que te hace bien. Dios estará de tu lado.

Tiempo de reflexión:

1. ¿Batallo contra todo o escojo mis batallas?

2. ¿Alguna vez tuve una batalla que hoy consideraría innecesaria?

3. ¿Cuál es la batalla más importante que tengo pendiente?

8

DERECHO

RE INVEN TARME

Algunas personas muy amadas, me han enseñado lo que significa reinventarse. Comenzar de nuevo las veces que sea necesario, con la cara en alto y con valentía.

A mi hermano, por ejemplo, lo he visto levantarse de enfermedades graves, cambiar de país y de trabajo, buscar su felicidad y adaptarse a los cambios de la vida con amor.

Mi mamá, posicionada a nivel profesional, un día decidió reinventarse como madre y esposa, renunciando a su trabajo para dedicarse a su familia. También la vi más adelante, tomar otras decisiones más radicales, como decidir cambiar de casa y servirle a Dios.

De mi papá, he escuchado de los muchos oficios y trabajos que tuvo, de haberle ganado la batalla a un par de vicios y finalmente, lo he visto tener que adaptarse a los cambios propios de su edad.

No puedo dejar de lado a mi amiga, quien, con un trabajo estable, quiso reinventarse dejándolo todo, para viajar a otro país por amor, a sí misma y a alguien más.

Lo que veo en cada uno de ellos, es que esas decisiones han tenido algo en común: la fe y la esperanza de que lo que viene va a ser mejor.

Reinventarse, no significa solo hacer cambios tan drásticos, como dejar trabajos, casas, personas o países. También puede significar darle sentido a lo que hacemos.

No hay una edad límite para alcanzar nuestros sueños. Si hay realidades que no me están permitiendo andar en paz en mi camino ¿por qué no replantearnos si vale la pena seguir así?

¿Por qué estoy haciendo lo que hago? ¿Por necesidad? ¿Por miedo? ¿Por conveniencia? ¿Por realización personal?

¿Estudiaste esa carrera porque alguien te la impuso? ¿Te gustaría vivir en otro lugar? ¿Cargás con dolores que no son tuyos? ¿Alguien te impidió hacer lo que anhelabas? ¿Resentís las posibilidades que dejaste ir? ¿Construiste un castillo y se te derrumbó o te lo derrumbaron?

Muchas cosas pudimos haber hecho y no hicimos, o tratamos, pero no lo logramos.

Nunca podremos vivir en paz, si no nos reinventamos poniendo a Dios como nuestro centro. Entendiendo que, mucho de nuestro pasado, era necesario para formar la persona que somos el día de hoy. Que talvez era necesario caerse, equivocarse y alejarse, para poder levantarse, enderezarse y acercarse.

Todavía estamos vivos. No sabemos por cuánto tiempo más, pero lo que sea, hagamos que valga la pena. Reinventémonos.

Que los errores, la decepción, la resignación, la tristeza, la amargura o la melancolía, no sean anclas que nos impidan surcar otros mares.

Que tampoco nos acostumbremos a ver bien lo que no lo está y nos hace daño. Que anhelemos la santidad, por más que nos cueste. Y si vamos a reinventarnos, que siempre sea para nuestro bien y el de los demás, para buscar la paz y no para alejarnos de nuestro camino.

Siempre tendremos algo que mejorar, alguna deuda por saldar, algún lugar por conocer, alguna herida por sanar, alguna disculpa que pedir, algún capítulo por cerrar.

En ese proceso de reinvención, llegué hasta aquí, porque sentía la necesidad de hacer algo diferente y pensé: ¿por qué no, plasmar algunas ideas y compartirlas con quien quisiera tomarse el tiempo de leer un poco? No soy experta en tema alguno, ni mi vida ha sido un ejemplo de santidad.

Por el contrario, soy una persona como cualquier otra, que se cuestionó con seriedad si lo que estaba haciendo la satisfacía, si podía intentar hacer algo distinto y a partir de ahí, quise aventurarme a escribir sobre nuestros derechos (soy abogada, claro que fue lo primero en lo que pensé), pero no desde el punto de vista legal, sino vivencial.

Recordar que todos tenemos el derecho de vivir en paz y que, desde mi experiencia (mucha o poca, todo es relativo), esa paz no la conseguiremos en las cosas de este mundo, sino en Dios. Si ponemos en Él nuestras angustias y planes, Él se encargará.

Dice Romanos 12:2: "Y no os adaptéis a este mundo, sino transformaos mediante la renovación de vuestra mente, para que verifiquéis cuál es la voluntad de Dios: lo que es bueno, aceptable y perfecto".

Que Dios sea nuestra inspiración para renovarnos. No solo es nuestro derecho, sino también, un ejemplo de Su infinita misericordia.

Tiempo de reflexión:

1. ¿Podría decir que soy una persona realizada?

_____

_____

_____

_____

_____

_____

2. ¿Qué áreas de mi vida me gustaría cambiar? ¿Será posible?

_____

_____

_____

_____

_____

_____

3. Algo que he hecho que me enorgullece es:

_____

_____

_____

_____

_____

9

DERECHO a

TENER **PAZ**

en medio de la

TORMENTA

P odríamos pensar que, si se acerca una tormenta, sería mejor evitarla. Pues claro, talvez las reales sí, pero no siempre vemos venir aquellas "tormentas" que arrasan con más que una verdadera.

Algunas tormentas solo están en nuestra imaginación; otras más tangibles, pueden generar un completo caos en nuestra vida y en la de quienes nos rodean.

No sabemos de lo que podríamos llegar a ser capaces ante ciertas situaciones. Ni qué decir de lo que podrían hacer otras personas, en relación con las cuales, nuestra posibilidad de influir es casi nula.

Es fácil decir que estamos en paz, cuando las tormentas no nos afectan o cuando las cosas difíciles le pasan a los demás.

Cuando alguien conocido o no tan cercano pierde el trabajo, se enferma, se divorcia o pasa cualquier situación difícil, podemos preocuparnos un poco, decirles que pondremos en nuestras oraciones sus intenciones (y talvez sí lo hagamos), pero talvez no pasará mucho tiempo para que no recordemos eso que tanto le pesa a aquella persona.

Es cuando esas situaciones difíciles, imprevistas e indeseadas tocan nuestra puerta (la de nuestra familia o amigos muy cercanos), cuando el temor y la duda nos invaden, poniendo en duda si realmente el amor de Dios es más grande y si es cierto que Él puede calmar cualquier tormenta.

Hay eventos que surgen, en los cuales no podemos influir, como una enfermedad, la muerte de algún ser querido, ser víctimas del desempleo o del hampa, o incluso, situaciones de fuerza mayor, inevitables e imprevisibles, como perder bienes materiales a raíz de una inundación o terremoto, entre muchas otras posibilidades.

Tener paz en medio de la tormenta, para mí, es aceptar que estamos expuestos a esas y muchas otras situaciones; que no tenemos "super poderes" y que Dios es nuestro único refugio seguro.

Suena bonito, pero hacerlo vida, es un derecho que muy pocos ejercen. ¿Qué tal si lo intentamos? Pongamos atentos nuestros oídos para descubrir si teniendo paz en medio de la tormenta, logramos escuchar Su voz. Es lo que yo anhelo.

Dice Lamentaciones 3:37: "Sea cual sea la situación en la que te encuentres debes entender que cada tormenta nos ayuda a crecer y nos ayuda a hacerlo mejor la próxima vez; nos deja una lección de vida que forma en nosotros carácter, misericordia, confianza y sobre todo fe".

Tiempo de reflexión:

1. ¿En qué me refugio cuando siento que una tormenta está llegando a mi vida?

2. Las tormentas que enfrento ¿son reales o solo producto de la imaginación?

3. Algo que para mí representó una tormenta y que pude superar fue:

10

DERECHO

al

OLVIDO

En el ámbito legal, el "derecho al olvido", es un principio según el cual, a grandes rasgos, hay ciertas informaciones que deben eliminarse de los archivos o registros oficiales después de cierto tiempo, para evitar que las personas sean "prisioneras de su pasado", por ejemplo, por temas crediticios, o las anotaciones que se hagan después de que se ha dictado alguna sentencia.

Si las consecuencias que deben soportarse en esos ámbitos tienen un límite temporal, no sería razonable ni proporcional, que nosotros carguemos con etiquetas que se nos han impuesto, o con culpabilidades por malas decisiones tomadas, hasta el último día de nuestra existencia en este plano terrenal.

No es justo que nos martiricemos por eso tan terrible que hicimos talvez solo una vez, talvez dos o talvez muchas.

Tenemos derecho a "olvidar" cuando hemos sido rebeldes y hemos actuado en contra de nuestros principios, nuestros valores y de la voluntad de Dios.

Digo "olvidar" entre comillas, porque a menos que tengamos amnesia o Alzheimer, eso no sucede por arte de magia.

A lo que me refiero, es a que no debemos permitir que nuestras posibles conductas, situaciones o condiciones nos definan. También hablo de intentar no etiquetar o juzgar a los demás.

Así como algunos tienen su "minuto de fama", hay quienes podríamos haber tenido nuestro minuto, día, mes o año de burro, en el cual hayamos ideado los peores planes, hayamos tomado las peores decisiones, escogido las peores estrategias, los peores momentos, las peores amistades, los peores atuendos o las peores palabras para expresarnos.

A pesar de todo, no somos solo eso que hicimos o dijimos. Tampoco los demás son solo eso que hicieron o dijeron. Con el tiempo, todo se puede ver diferente.

Si es posible, tomémoslo con un poco de humor. Pidámosle a Dios, como lo hacía Santo Tomás Moro: "...Dame, Señor, el sentido del humor. Concédeme la gracia de comprender las bromas, para que conozca en la vida un poco de alegría y pueda comunicársela a los demás..."

Claro, que hay cosas de las que definitivamente nunca deberíamos reírnos, como las bromas pesadas, las malas intenciones o las agresiones disfrazadas de humor. Eso es inaceptable y muchas veces lo disimulamos "para no hacer sentir mal a quien lo hace o dice", pero a la larga, eso va calando poco a poco, haciendo más daño del que pretendemos evitar. Lo mejor en esos casos, es tomar distancia para no seguir perpetuando situaciones que nos dañan y nos destruyen el amor propio, aunque eso venga de las personas más cercanas y por eso mismo, represente un reto aún mayor.

Volviendo al tema del olvido, en Isaías 43:25, dice: "Yo, yo soy el que borro tus rebeliones por amor de mí mismo, y no me acordaré de tus pecados".

Si ni siquiera Dios va a estar recordando nuestros pecados, cuando decidimos arrepentirnos de corazón de nuestras barrabasadas, ¿por qué no nos permitimos dejar atrás nuestro pasado y el de los demás y seguimos con la mirada puesta en el futuro, pidiéndole a Dios su discernimiento y su guía?

Defendamos ese derecho de despojarnos de lo que no nos enorgullece y de las cosas que han hecho los demás que nos han lastimado, de entregárselas a Dios, de limpiar nuestra alma y de seguir luchando cada día por disfrutar al máximo de nuestra vida con paz y alegría.

Tiempo de reflexión:

1. ¿Logro disfrutar del presente o suelo aferrarme a lo bueno y/o malo de mi pasado?

_____
_____
_____
_____
_____
_____
_____

2. Algo que he aprendido de los errores que he cometido, es...

_____
_____
_____
_____
_____
_____

3. Algo de mi pasado que recuerdo con humor es:

_____
_____
_____
_____

Termina así, el decálogo que propongo de los derechos que considero indispensables para vivir en paz. Tengo claro que no son los únicos, pero al menos, espero que puedan servirte para iniciar un proceso de reflexión, respecto a cuáles son tus desafíos y propósitos, para que de manera consciente, podás direccionar tus acciones e intenciones, abrazando con amor lo que te hace bien y despidiéndote de aquello que te esté limitando. Todo, con la ayuda de Dios, por supuesto.

Muchas gracias,
Li Monge

Sobre la autora

Ligia Monge Cordero nació en San José, Costa Rica, el 19 de octubre de 1980. Con más de quince años de ser abogada, descubrió su gusto por la escritura enfocada a la motivación, desde la fe. Madre enamorada de sus dos hijos, Diego y Felipe, esposa, hija, hermana, tía y amiga, comparte algunos de los tips que le han ayudado a intentar vivir en paz, con el fin de generar procesos de reflexión sobre aspectos básicos que, algunas veces, dejamos de lado.

Made in the USA
Columbia, SC
30 November 2023

26793073R00039